고래의 꿈

지성·감성의 메타언어
조선문학시인선·851

고래의 꿈

김 미 화 시집

조선문학사

■ 책머리에

어영부영하는 사이 네 번째 시집을 냅니다
저 혼자 잘나서 등단한 줄 알았는데
시간이 지나면서 깨닫습니다
혼자서 할 수 없는 작업이라는 것을
나무에서 씨가 떨어져
저절로 큰 나무가 되는 줄 알았는데
땅이 보듬어주고
하늘이 보살펴줘서 큰 나무가 된다는 것을 알아갑니다
제가 네 번째 시집을 낼 수 있노록
옆에서 든든한 지킴 목이 되어준 김학수 씨 감사합니다
존경하는 교수님 시법 더 열심히 공부하겠습니다
믿어주고 지켜봐 주신 가족과 친구들 고맙습니다.

2023년 9월
김미화

고래의 꿈 차례

책머리에 / 5

가을밤 / 11
가을 산 / 12
가을 이야기 / 13
가장의 무게 / 14
강원도 가는 길 / 15
견디고 / 16
경포호 / 17
고래의 꿈 / 18
고양이·1 / 19
고양이·2 / 20
공생 / 21
기다림은 쓰고 열매는 달다 / 22
까치 / 23
꿈이 생겼다 / 24
나 때에는 말이야 / 25
낮잠 / 26
내일은 없다 / 27

늦가을 / 28
늦여름 / 29
대청봉 오르는 길 / 30
라일락 / 31
모과 / 32
무제·1 / 33
무제·2 / 34
물망초 / 35
미련 / 36
미물에게 배운다 / 37
민들레 / 38
바다 / 39
바람 / 40
바람의 시 / 41
바위와 바람 / 42
밤 / 43
보름달 / 44
봄 / 45
봄 가뭄 / 46
봄비·1 / 47

봄비·2 / 48
빨래를 삶다 / 49
사진 / 50
산다는 것 / 51
숫자 0 / 52
쉬이 잠들지 못하는 밤 / 53
시간 위의 여행자 / 54
시인 장경자 여사를 추모하며 / 55
썩은 이 / 56
엄마 괜찮아 / 57
엄마의 밥상 / 58
여름밤 / 59
연어 / 60
염치없는 부탁 / 61
오늘 하루 / 62
완두콩은 연습 중 / 63
용울음 / 64
우산과 양산 / 65
자유 의지 / 66
잘 사는 사람 / 67

잠 못 드는 밤 / 68
장미 / 69
전업주부 / 70
초봄 / 71
7월 12일 탄생 / 73
콤파스 / 74
팔월 / 75
편도행 티켓 / 76
폭풍 / 77
폭풍우 / 78
하나 빼기 / 79
학삼나무 / 80

시집 평설

원숙기로 접어든 시적 이상 『고래의 꿈』
실현되길_박진환 / 82

가을밤

밤은 깊은데
하늘에 달은 차올라
마당이 환하다

가을이라고 잠 못 이루고 서성거리는
어깨 위에 내려앉는 밤이슬이
남은 삶의 무게인 양 달갑지 않구나

가을 산

산이 익는다
뜨거운 계절을 견디다 견디다
스스로 익어간다

산이 붉어졌다
매번 이 산을 넘는 저녁해 때문에

산이 노래졌다
쉼을 모르는 세월의 흐름에

혼자 얼굴 붉히고
혼자 가슴 앓는 짝사랑의 아픔처럼
산이 혼자 빨개졌다

가을 이야기

황금빛 가득한 들녘이
텅 비어간다는 것은
곱게 물든 단풍이 떨어져
낙엽이 된다는 것

어찌 낙엽만 구멍이 날까
내 뼛속과 가슴속에도
숭숭 구멍이나
세월이 들락날락하니

저녁놀이 채워놓은 들녘
추억창고 들여다보며
오가는 바람과
남은 시간 어떻게 살아야 할까 논해야 할까 보다

가장의 무게

굽은 어깨에 짊어진 등짐
당신은 별거 아니라는 듯
황황한 몸짓만 남기고 갔습니다

가장의 무게가
당신의 뒷모습에서는
더 퉁명스럽게 느껴지는 건
왜입니까?

하루해 다 간 저녁 빨갛게 화상 입은 일몰이
사람에 상처 입은 당신 등보다
더 아프겠습니까?

당신이 버티는 동안
편안하고 고마웠습니다

강원도 가는 길

뻥 뚫린 고속도로
첩첩이 포개졌던 산들이
하나씩 비켜나며 읊조리는 말
거긴 왜 가는데

그러게요
바다는 어머니 자궁 속
양수에 떠 있는 거같이 편안해요
가서 보고 오면
몇 개월인가는 숨을 쉴 수 있어요

픽
비웃으며 산들이 말한다
쌓인 갈등 스스로 해갈해야지
짠 바다를 보고 오면 갈증이 심해져
또 보러 가게 된다고

그래도 보고 올래요
어머니는 그런 거 아닌가요

견디고

울끈불끈 변덕스런 봄을 견디고
먼 나라에서 날아오는 황사도 견디고
불지옥 같은 땡볕도 견디고
이제 하나 남았다
결실

경포호

일몰이 잠기는 경포호
서둘러 떠나는 석양을 구름이 감싸 안으며
경포호에 잠겨 든다
바쁠 필요가 없는 발걸음으로 배웅하며
지금 네가 나 같다고 한다
마지막 정염 검붉게 불태우는 너는
찬 기운에도 아름답건만
억새처럼 흩어진 머리칼
바스러지는 소리만 내는 육신
어찌 하늘의 석양과 나를 견줄까?

고래의 꿈
- 푸른 감옥

칠흑같이 어두운 밤 때문에
하늘과 바다는 한 몸이 되었다

잠들지 못하는 흰수염고래는 갑갑하다
살기 위해 숨쉬기를 위해 물 위로 올라가야 한다
물고기도 아닌 것이
바다에서 새끼를 낳아 기르는 고래의 삶
혼란스럽다

수면 위에서 숨을 내뿜는다
어제도 그제도 같은 밤하늘이었건만
오늘은 유난히 많은 별들의 물결
저 별들 사이를 헤엄치고 싶다
넓고도 넓은 오대양이 감옥 같다

감옥은 내가 만든 틀은 아닐지
지금까지도 행복했는데
깊은 밤 보고만 별 무리 때문에
흰수염고래는 숨을 크게 들이키고
꿈을 가지고 바다로 내려간다

고양이 · 1

야옹
고양이가 온다
꼬리를 좌우로 흔들며
느릿느릿
최대한 우아하게 도도하게

처음 야옹 할 때부터
현관문을 열고 기다렸다

세월은 나처럼 기다려 주지 않는데
내 손목을 잡아끌고 내달리는데
여유 부리며 발을 내딛는
고양이 "얄밉다"

고양이 · 2

버려진 빈집에 고양이가 왔다 갔다
문이 잠기기 전 그곳에서 살았나 보다
인기척 없는 문 앞에 고양이가 앉아있다
가을볕에 습관인 듯 나른하게 잠든 고양이

바람만 무심히 지나는 그 집 앞
버려지는 것이 무엇인지 모르는 고양이
따뜻한 가을볕 지붕 삼아
차가워지는 바람에 웅크리고 나를 바라본다

희망을 꿈꾸는 그 눈빛
외면하고 내 갈 길 가는 나

공생

사람들은 원수 같은 잡초라고 하지

하지만 저 꽃은 알고 있을걸
내 뿌리가 물을 뺏어 먹는 것 같지만
사실은
태양에게서 보드라운 흙을 숨겨주고 있다는 것을

그래서
잡초는 꽃 옆에 있는 거야

기다림은 쓰고 열매는 달다

태양이 계엄령을 선포하고
맴 맴 맴
항거하듯 울어대는 매미들

짧게는 7년
길게는 17년
죽은 듯 살다가
이제 겨우 푸른 하늘 보는가 싶었는데

뜨겁고 끈적한 태양의 폭정에
항복한 듯 늘어진 초록 이파리가
독기를 품고 기다린다는 것을
결실을 위해선
된더위를 참아내야 한다는 것을

서서히 물러나는 태양의 그림자에
던져진 매미들의 힘겹게 버텨온
마지막 숨소리에 영그는 알집

까치

나뭇가지 부러질 듯 매달린 대봉시 따던 날
겨우내 배고플 까치 먹으라고 몇 알 남겨두었더니
말리는 곶감 궁둥이에 뾰족 부리 자국
껍질 벗겨놓아 먹기 쉬워 그랬는지
처마 밑 곶감 되다 만 것만 쪼아먹었을까
욕심쟁이 까치
저를 위한 내 마음 그렇게 시험하다니

꿈이 생겼다

내 젊은 날은
팔월의 태양보다 뜨겁고 치열했는데
하얗게 세어버린 머리칼을 흩뜨리는 가을바람이
그동안 열심히 살았구나

앞으로를 장담할 수 없는 시간 위에
이제야 꿈이 생겼다
다시는 꿀 수 없다고 생각하고 잊혔던

어깨와 무릎은 할 일 다 했다고
쉬자고 하는 지금
나는 하고 싶은 일이 생겼다

나 때에는 말이야

나 때에는 말이야
아 그랬었군요
그런데 저는 몰라요
왜 그래야 하는지

하지만 배운 게 있어요
자식들에게
나 때에는 말이야
그런 말 하지 말아야겠어요

그들도 모른다고 할 테니까요
나에겐 나 때이지만
그들에겐 라떼거든요

낮잠

끈적거리는 한여름 햇살을 피하고 싶어
달큰한 잠 속으로 빠져본다

내일은 없다

오늘 하루를 살기에도
매일 벅차고 힘든데
"내일이 있잖아" 하고 싶지 않다
당연히 오는 내일이겠지만
아예 오지 않을 수도 있으니

오지 않을 수도 있는 내일에
무엇을 해야지 하는
헛된 꿈 밀어두고 싶지 않다
다시 못 올 길을 떠나는 이처럼
치열하게 사랑하고
또 사랑하고 싶다

오늘 지금
부모님이 보고 싶다
그래서
나는 제일 좋은 딸기를 산다

늦가을

바람둥이 소슬바람에
처녀단풍 총각단풍
발갛게 물들었네

뜨거운 태양에도
시퍼렇게 날세우던 댓잎도
첫사랑 산통에 노랗게 변해가고

호호 곱게 불던 바람
쉬익~~
칼날 베일 듯 차가워지네

풋사랑은 어디 가고
기다림에 구멍 나고 멍든 가슴만 남아
늦가을 짧아지는 하루에
빛바래고
바스러지는 낙엽 무덤만 남았네

늦여름

태양의 폭정에
매미의 비무장 항쟁은
삼월의 만세 소리보다 우렁찬 듯
조금씩 물러나는 여름

대청봉 오르는 길

환한 대낮인데
초롱이 피었다

높은 산 험한 산 오르려면
동무가 있으면 좋으니

신랑 각시 사이좋게
동무해 가라고

그늘도 피하고
눈 마주치기 좋은 길가
돌 틈에 청사초롱 밝히듯 무더기로 피었다

라일락

너였구나
내 발목을 잡은 것이
기다리고 있었던 듯
50년 전 타임캡슐을 실어 보냈구나
잊고 살았구나
너의 향기에 설레였던 날들

그 세월 동안
젊은 베르테르의 슬픔이 전염된
유리알 같았던 소녀가
세월의 대장간에서 놋그릇처럼 단단해졌는데

네가 보낸 타임캡슐에
오늘 하루를 잊어보련다
놋그릇에 음식이 아닌 추억을 담아보련다

모과

독한 햇볕을 요리조리 피해 다녔는지
뒤둥글어진 모양새가
심술난 가을바람에 툭 떨어졌다

가을이라고 결실을 맺으니
못생겼다 타박하기 전 속을 들여다보면
향긋하고 쓰임새 많다는 걸 알 텐데

무제·1

언제부터 민낯이 부끄러워졌을까
깨복쟁이로 머슴애와
물장구치고 놀았는데

신랑각시 하며 소꿉놀이할 때부턴가
커져가는 달을 바라보던 때부턴가

머리 반지르르하게 빗고
뽀얀 분칠로 기다림 숨기려고 했을 때부턴가

무제 · 2

나이가 드니
이제 많이 아는 척
현명한 척하고 싶다
내 말이 진리인 양

나 보다 연배의 어른이 보면
아직도 아이 같아
젊은 네가 볼 땐 고집이 센 늙은이

물망초
- 화분 속의 꽃

바빠진 햇살에 타들어 가는 속
혼자서는 아무것도 할 수 없어
당신을 기다리는데
잊으셨을까

아가 같은 봄날 싹 틔우게 하고
잘 데워진 바람으로
달콤한 태양의 속삭임으로
힘들게 올렸던 꽃대가 말라간다
당신만이 살릴 수 있는데

버석거리며 말라가는 입술에
간신히 매달린 한마디
"나를 잊지 말아요"

미련

오늘 하루를 놓지 못하고
질질 끌고 가는 노을이나
그 멋짐에 발길을 돌리지 못하는 나나

미물에게 배운다

풀벌레를 누가 미물이라고 했던가
매미 울고 귀또리 울면 가을이라
저들이 먼저 계절 순환 이치를 아는데

족적을 남겨야 한다는 매미
남은 시간 앞에 처절하게 우는 귀뚜라미
그들이 그냥 우는 게 아닌데

뻐근한 어깨에서
세월의 무게를 느끼며
그들에게
한 수 배운다

민들레

봄기운에 들떠
하늘로 날아오르는 민들레 홀씨

솜털 같은 너의 몸 어디에
기운찬 장사가 숨어 있었을까?

이쁘다 이쁘다 했더니
쉼 없이 영토를 넓혀가는 너

어이쿠 이러다
초록 잔디가 금잔디 되겠다

바다

철 얼 썩 찰 얼 썩
바다가 싸운다
서로 귀싸대기를 날리며
악다구니 쓰며

맞아 널브러진 놈
모래밭에 뒹구는 놈
지쳐 떨어진 놈
스스로 바위에 부딪쳐오는 놈

한 하늘 이고 살면서
뜯어 먹을 듯 싸우고
어느 날은 잔잔하다

바람

한 번도 물어보지 않았다

와도 괜찮은가
가도 괜찮은가

세월의 외나무다리에서
홀로 앉았다 일어섰다

되돌아갈 수 없는 것이
한스러워
신세타령만 구성지다

바람의 시

얼굴이 몇 개나 되는지

봄에는 숨 바람
여름에는 쉬어가는 바람
가을에는 소슬바람
겨울에는 모든 것을 잡도리하는 바람

사계절 얼굴이 다른 바람이
오늘은 가을을 데려왔다

높아지는 하늘
울긋불긋한 산
농염해지는 들녘

그리고
앞마당까지 들어온 바람이
시를 쓴다
가을의 시를

바위와 바람

얼마나 오랜 시간
너는 나를 바라보고 있었을까

얼마나 많이
나는 너를 스치고 지나갔을까

밤

혼자 있는 밤
뜰 안에 내려서니
달빛이 친구 해주네

혹시 길을 잘못 들까
등불 밝히며
편안한 낯빛으로
내 시름 덜어보려 하네

보름달

보름달이 되고 싶어
시간 시간 열심히 살았는데
보름달은
상현달에서 하현달로 내려가는 정거장 같아라

봄

애기 볕이 아장아장 놀러 나왔다
동무가 그리웠던 개울물도
얼음 속에서 졸졸 거린다
노란 복수초 눈 속에 피었다

한참을 놀다가
고단하여 잠든 사이
비가 내린다

다음날
같이 놀고 싶은 뿌리가 꼼질 거린다

봄 가뭄

봄볕은 미리 나와 기다리는데
게으름뱅이 비가 짓궂다

올 듯 말 듯
병아리 오줌만큼 찔끔

흙먼지 날아올라
뿌연 하늘 보며 농부의 시름이 깊지만

어찌할 수 있을까 하늘의 뜻인걸
마중물이라도 한 바가지 부어볼까

봄비 · 1

토닥토닥
토닥이듯 비가 내린다
잔인한 계절 4월 마지막 날

시간의 흐름대로
봄은 성큼성큼 왔는데
바싹 마른 대지는
곁을 내주지 않는다

흙먼지 풀풀 날리는 날
상처 입은 가슴에 새살 돋을 비가 내린다

봄비 · 2

신행(新行)도 아닌데
꽃잎을 밟는다는 게
처연하구나

봄은 가는데
꽃잎이 젖어 널브러져 있으니
봄이 가는 길이구나

빨래를 삶다

찌든 때 기름때 지저분한 것들이
보글거리는 비눗방울에 빠져나간다

빨래는 저 통에 삶는다고 해도
육십 묶은 내 때는 어디에 삶아야 할까

파란 하늘 아래 하얀 빨래처럼
누런 내 속도 고실고실하게 널어놓고 싶다

사진

내 얼굴이 늙어가듯
사진 속 나도 나이를 먹어간다
이제 카메라 렌즈가 두려운 나이
둥글둥글 넙데데한 얼굴과
그에 맞게 넉넉해진 품을 간직한 여인네

사진 속 여인네처럼
넉넉한 가슴을 가진 사람이 되고 싶다

산다는 것

혹독하고 잔인함이
끝이 없을 것 같더니
앞머리 살랑이며 어루만지는 바람은
벌써 가을이네

파릇한 연둣빛 계절이 언제였는지
먼 산 넘어가는 햇살
어느새 다가온 일몰
한 계절이 가고 다음 계절이 오듯
한 세대 가고 다음 세대

마음은 아직도 이건만
육신이 낡아 삐그덕 거리니
살아갈 날은 짧아지고
맥없이 새어 나오는 한숨 곁에
여유로운 세월

숫자 0
- 어머니 은혜

처음도 0, 1, 2, 3
끝도 10, 100, 100
동그란 몸뚱이 속에
참 많은 것을 품었네

동그랗게 조그마한 자궁
점점 커지는 동그라미
내가 숫자 0에서 나왔네

0을 품으신 어머니
처음도 끝도 다 품으셨으니
그 삶이 얼마나 고단하셨을까

숫자 0
시작점부터 끝까지 오직 한길
어머니 사랑같이 한결같네

쉬이 잠들지 못하는 밤

홀딱 벗고 홀딱 벗고
새가 운다
무엇을 벗으려는지

소쩍소쩍
새가 운다
얼마나 배가 고팠으면

끙 끙
오래 쓴 몸뚱이가 운다
내일 비가 올 거 같다고

시간 위의 여행자

우리는 시간을 걷는 여행자
편도행 티켓밖에 없어
가기만 할 뿐 돌아갈 수는 없어
그래서 미련도 많아

에스컬레이터처럼 저절로 가는 시간 위에서
1분에 80번 이상을 날갯짓해야 하는 벌새보다
더 참담하게 아등바등 버텨본다

생각이라는 것을 하고 산다는 인간이
오직 꿀 빠는 데만 80번 이상을
날갯짓하는 벌새보다 나은 건 뭔가

가는 시간 위에서
여행자인 우리네 인생이지만
그래도 살아야 할 이유는 있겠지

시인 장경자 여사를 추모하며

봄바람이 불어 소풍을 가셨습니까
그 먼 길을 어찌 가셨습니까
봄을 혼자 보내지 못하는
시인의 마음이셨습니까

따뜻한 봄볕 조명 삼아
꽃잎카펫 위를 걸어가셨다고 생각하니
돌아온 봄소식에
임의 향기를 맡습니다

그립고 애달파도
보내 드려야 하는 게 인간사라
언젠가 제 세월의 고삐가 풀리는 날
따뜻한 손 꼭 마주 잡고 싶습니다

썩은 이

썩은 이 시큰거리는 계절의 끝
누가 부르지도 않았는데
봄이 왔다

만물이 소생한다는데
썩은 이는 뽑혔다
아무도 가라고 하지 않았는데 봄은 간다

여름이 와
신록은 거침없이 차오르는데
입 안은 자꾸 비어져 간다

엄마 괜찮아

아이 적 딸아이는
하늘보다 말간 눈으로 나를 보았다

세월이 지나며
복잡미묘해지는 눈빛

그런 딸을 보며
미안하고 서글프다

어릴 적
내 가슴에서 울고 웃던 아이가
날 보듬으며 "엄마 괜찮아" 한다

엄마의 밥상

엄마의 밥상은
늘 이맘때쯤부터 시작한다
가을걷이한 깻잎을 삭히고
고추장아찌 담그고

땡볕에 쪼그리고 앉아
자식 쓰다듬듯
애타게 쓰다듬은 콩으로
간장 된장 고추장 담아야 되고

그러고 보니
엄마의 밥상은 이른 봄부터 차려지는가 보다
땅을 다독여서 키운 것들로

그래서
엄마의 밥상은
늘 푸짐하고 배부른가 보다

여름밤

하루종일 퍼붓던 폭염에
태양은 지쳤는지
바다 한 귀퉁이에 각혈해 놓았다

힘이 빠진 태양은 바닷속으로 수장되고
스물스물 기어 나오는 밤의 그물망

하루살이처럼
발버둥을 치며 살아낸 오늘
그 그물망 속으로 기어들어 간다

연어

황금물결 반짝이는 남대천 물빛이 그리워
회귀하는 연어들
되돌아갈 수 없는 여정인 줄 알면서도
부서지는 살 점 부여잡고 올라간다
숙명 같은 산고를 치르며
산산이 흩어지는 몸뚱이
고향에 뼈를 묻고 싶어 돌아 돌아 먼 길을 왔다

이제 세상에 나온 어린 물고기
고향이 무엇인지도 모르는 채
어미보다 더 나은 삶을 살고 싶다며
넓디넓은 바다로 나가
부모가 되어보니
홀린 듯 남대천으로 돌아온다
제 부모처럼

염치없는 부탁

곱다 곱다 참 곱다
이른 봄부터 지금까지
그때그때 다 고왔지만
자연의 거친 시험대를 이겨내고
세월이 익어 더 고운가 보다

곱다 곱다 참 곱다
남들 보기엔 길바닥 나뒹구는 낙엽이겠지만
지금 그 자리에서 네가 제일 곱다
늙수그레한 단풍

뼛속에 세월 느껴지는 나도
저리 고왔으면 하는
염치없는 소망
네 가지에 걸어두면 좋으련만

오늘 하루

나는 어제도 내일도 모른다
단지 오늘 하루만 있을 뿐
후회도 기대도 없다
하루밖에 못 사는 것처럼
오늘을 살아내련다

완두콩은 연습 중

완두콩의 꼬투리는 안전하지 않다
지금은 안전 가옥 같지만
조만간 그 속을 열어 보일 것이다
필사의 탈출은 땅을 향하여
투신해야 한다
그래서 낙법을 연습한다
그것만이 부활할 수 있는 기회다
아니면 미개한 인간의 식량이 될 것이다

용울음

폭풍이 올 때마다
바다는 화가 난다
온갖 쓰레기가 모여들어 넘실댄다

그것은
참을 수 있다
바다의 생물이 죽어간다
그물을 뒤집어쓴 고래
마스크 한 물개
빨대 꽂은 거북이 등

이제는 참을 수 없어 고하러 간다
바닷물로 사다리 만들어 하늘로 오른다

우산과 양산

나는 좋은 날을 한 번도 본 적이 없어
구질구질하게 궂은날
하늘이 세상 더러운 거 목욕시키는 날
사람들은 날 꺼내 들고 피하지

나는 목욕이라도 하는 네가 부러워
땀을 한 바가지 흘려도 씻을 수 없으니
뜨겁게 내리꽂는 태양을
사람들은 날 꺼내 들고 피하지

그래도
자네와 나는 쓸모가 있어
세상에 있을 이유 없는
사람들이 너무 많아

자유 의지

며칠째 내리는 장맛비에 갇혀
하늘만 바라보다
빛의 폭포로 시작하는 아침

다시 갇혀 버렸다
무더위에
팔월의 불볕더위라도
밖으로 나가고 싶은데

장맛비도 무더위도
휘적휘적 다 걷어 올릴 수 있는데
"못해 걸을 수 없어" 하는
내 안의 나는 뭘까?

나를 가둬버린 나
언제까지 남의 탓만 할까?

잘 사는 사람

나 하나만 잘나면 되는 줄 알았다
부와 명예가 있으면 잘 사는 건 줄 알았다

나이가 들어가며
움켜쥐고 사는 삶이
내세울 거 많은 삶이
대가를 치러야만 되는 것을
쓸데없는 소모전임을 알았다
그래봤자
갈 때는 빈손인 것을

세상에서
제일 귀한 게 사람이고
사람의 도리를 아는 사람으로
잘 살아온 사람으로 기억되고 싶다

잠 못 드는 밤

여름에는 매미가 울어 잠을 깨우더니
선선해져 잠들만하니
귀또리가 깨우는구나

짝짓기에 진심인 너희를 어찌 탓하랴
짧은 생의 족적을 남기기 위해
낮이고 밤이고 쉴 날이 없구나

너희들 마음 바쁜 사연은 알겠다마는
밤이 깊어도 잠 못 드는 나는 무슨 사연일꼬

장미

월담하는 장미를 보며
어떤 이는 밖을 엿보고 싶은 거라 하고
어떤 이는 자유가 그리운 거라 하고
보는 눈은 다 틀리지만
한 가지 같은 거
담을 넘든 말든
장미 너는 아름답다

전업주부

오늘은 쉴게요
당연히 오는 오늘에게
단호하게 말했습니다

잠깐
아침만 할게요
식구들 입에 밥숟가락을 챙겨야죠
다들 나가네요
청소하고 빨래만 할게요

으음
저녁은 해야겠네요
조금만 쉴게요
밀린 드라마 보며

어느새 덮이는 눈꺼풀
오늘이 가네요

초봄

별빛도 곱고
달빛도 아름다운 밤

이른둥이야
너에게만 알려줄게
어서어서 꼭꼭 숨으렴
내일 아침이면 시샘하는 바람이 분단다
천기누설이라 뭣하지만
몇 년만의 추위래

기다리다 지쳐
파보기 병에 걸린 내 손끝에
네 코끝이 까맣게 멍들었잖아
그래서 알려주는 거야
겨우내 너를 기다렸지
날 선 바람의 심술에 너를 보내고 싶지 않아
꼭꼭 숨으렴 이른둥이야

볼 빨간 아가처럼
너는 숨을 줄 모르는구나

버텨야만 살아남는다는 것을
어찌 벌써 알았을까
그래 맞서자 이른둥이야
이제는 커야지

7월 12일 탄생

내가 새로 태어나는 것도 아닌데
발도 묶이고 몸도 묶이고
생각마저 몽땅 묶여
아무것도 할 수가 없다

할머니가 된다는 것
가슴 뛰고 설레고 그런 거만 있을 줄 알았는데
조만한 아기가 병원에 입원하다니
또 하나의 걱정 보따리가 생긴다는 거

백하가 태어나며
지나간 세월 반추해보니
눈 깜짝할 사이라는 거
정말 그렇다는 거

콤파스

다리가 두 개여야 하는 콤파스
한쪽 다리는 축이 되고
한쪽 다리는 원을 그린다

콤파스 같은 부부
콤파스 같은 친구
콤파스 같은 인연이면

원을 그리고 원을 그려서
동그라미로 퍼져가는 세상

팔월

오늘 하루도 불볕더위의 기세에 눌렸다

태양은
풍만한 몸태를 자랑하며
바다로 내려갈 때조차도 그 위용을 자랑하며
붉은 미소를 머금고 있다

사람이나
짐승이나
태양의 폭정에 괴로운 팔월

초록이 충만한 나뭇잎들은
나른하게 늘어진 채 조그마한 그늘을 만들었지만
바람이 태양의 포로가 된 지금

곡식들
열매들은
야무지게 여물고 있으니
팔월은 제 몫을 다하고 있다

편도행 티켓

알몸으로 편도행 티켓 한 장 받아
세상 구경 나왔다
이리저리 구경한다
뒤돌아보니 후회도 많다

되돌아갈 수 없는 세상 구경
후회를 거름 삼아 가면
좀 더 잘 갈 수 있을까?
얼마 남지 않은 세상 구경

태산이라도 오른 듯 내려다본다
울퉁불퉁 꼬불꼬불
하루도 편한 날 없었지만
단풍 들어 있는 것도 괜찮다

폭풍

미쳐 날뛰는 바다
가슴에서 응어리진 시어처럼
모래톱을 할퀴고
홀로 부딪치며 괴로운 바다

폭풍우

우르릉 쾅
우르릉 쾅
얼마나 많은 것을 참고 삭혔으면
성질을 저리 더럽게 피노

번쩍번쩍
울다 울다 부은 눈으로
사나운 눈빛을 발사하는 것이
그래도 안 풀렸는갑다

우짜겠노
살아내지
아직 몰랐는가배
그러고 살다 보면 한세상 후딱인거

하나 빼기

내 생에서 오늘 하루를 뺍니다
남은 날은 얼마일까요
보드게임 하는 것처럼
하나 빼고 안도합니다

하루살이도 하루 뺍니다
얼마나 더 날갯짓을 할 수 있을지
그래도 열심히 삽니다

나의 하루와
하루살이의 하루
누가 더 잘 살았을까요

화살나무

멋쟁이 소슬바람이
화살나무에 다녀갔나 보다
양 뺨이 불붙은 듯 빨개졌다

첫사랑의 그리움은
긴 기다림으로 녹이 슬고 구멍이나
거리를 방황하며
비행 청소년마냥 몰려다니다가
갈길 잃은 듯 구석진 곳에 모였다

첫사랑의 열병 앓으며
다음 해 또 다음 해
화살나무는
멋쟁이 소슬바람을
그저 바람으로 볼 수 있을까?

시집 평설

■ 시집 평설

원숙기로 접어든 시적 이상 『고래의 꿈』 실현되길

박진환
(시인·문학평론가)

1. 전제

"저 혼자 잘나서 등단한 줄 알았는데 시간이 지나면서 깨닫습니다. 혼자서 할 수 없는 작업이라는 것을, 나무에서 씨가 떨어져 저절로 큰 나무가 되는 줄 알았는데 땅이 보듬어 주고 하늘이 보살펴 줘서 큰 나무가 된다는 것을 알아갑니다."

모두에 인용한 글은 김미화 시인이 80편의 시를 엮어 상재한 네 번째 시집 『고래의 꿈』 책머리 글에서 밝힌 시인의 변이다. 시인이면 너나없이 내 시가 최고라고 내세우는 웃기는 세태에서 이런 스스로의 성찰을 통해 시인의 자세를 가다듬는 태도는 매우 귀하고 아름다운 겸손의 피력으로 믿어져 시보다 더 큰 설득력으로 작용할 것으로 보여진다.

네 권째 시집이면 '이제 나도 내로란 시인'이라고 뽐내볼 만도 한데 외레 스스로의 성장이 자신만의 노력에 의한 것이라기보다도 한 그루 나무에서 씨가 떨어져 '땅의 보듬어줌'과 '하늘의 보살핌'에 의해 성장할 수 있다는 것을 깨닫는 것은 시에 대한 겸손이고 시인다운 겸허함이라 할 수 있을 것으로 본다.

한국의 시인이 무려 만 명이라고도 하고 그 배로 점치는 이도 있다. 그리고 시인마다 스스로의 잘난 멋에 살고 있다고도 한다. 이런 세태에서 스스로를 뒤돌아보며 자성의 목소리를 낼 수 있다는 것은 시인의 자세에 대한 자기 짐짐으로 보여져 박수에 값할 것으로 여겨진다.

『고래의 꿈』이라는 타이틀 아래 80편의 시를 가나다순으로 게재한 시들을 일별하면서 시인의 겸손이 시에도 묻어난다는 것을 한눈에 읽을 수 있었다. 그것은 시를 멋으로 알고 행세하는 시인들과는 달리 '어떻게 하면 좋은 시를 쓸 수 있고, 써서 보답할 수 있을까' 하는 시작 태도들이 이를 말해주고 있었는데, 이는 김미화 시인이 자신의 시법에 충실함으로써 최선의 시이기를 희망하는 데서 시를 출발시키고 있다고 보여졌기 때문이다.

요즘 젊은 시인들의 시를 읽어보면 시학도 시론도 시법도 찾아볼 수 없다. 어떻게 쓰면 잘 쓰고, 잘 써서 문화적 감동에 기여할 것인가 하는 시에 대한 사명감을 지니고 있지 못한 때문으로 이해된다. 그래서 시집마다 꼬리표처럼 붙이고 있는 것이 '시집 해설'이다.

해설이란 '문제를 알기 쉽게 풀어서 설명'함을 뜻한다. 사전적 이 해석으로 풀이하면 '시집 해설'은 시집에 수록된 시에 대해 알기 쉽게 풀이해 설명함 쯤이 된다. 무슨 대단한 시들이라고 풀어서 설명하고 이해를 돕는단 말인가. 그저 읽으면 그대로 문의가 드러나는 시에 굳이 해설을 곁들일 필요가 있겠느냔 뜻이다.

이와 달리 평설은 그 시의 값어치에 대한 평가를 통해 시적 미학에 접근하게 하는 이론적 근거를 요구한다. 그래서 동원되는 것이 시학이나 시법이다. 시학이니 시법에 근거해 그 가치를 이끌어냄으로써 시학에 근거한 시법에 의존하게 된다. '시집 해설'과 '시집 평설'이 다른 이유가 이러하다.

흔히들 하는 말로 시에 무슨 법이 있느냐고 설의한다. 그러면서 시가 무슨 공식에 의해 씌어지느냐고도 한다. 그러나 이는 잘못된 시에 대한 무지의 소치다. 시법이란 시에 적용하는 공식이 아니라 시가 시가 되게 하는, 시를 시이게 하는 방법을 의미하는 것이다. 그 방법이 시법이고, 시법은 시학에 근거한다.

시에 시학적 바탕이 깔려 있지 않다는 것은 시가 요구하는 요구 조건을 충족시켜주지 못하고 있다는 근거가 된다. 그래서 시법은 시 창작의 공식이 아니라 시가 요구하는 요청에의 충실이 되게 된다. 이를 착각, 보고, 느끼고, 생각나는 것을 운문으로 기록하면 시라는 소박한 입장이나 견해에서 시를 출발시키는 시인이 많다. 이를 두고 시적 타성이라고 한다. 오랜 관습대로 시를 쓴다는 뜻이다.

문제는 시가 타성의 산물이 아니라는 데 있다. 적어도 현대시는 몇 가지 조건을 요구한다. 본 것을 본대로가 아닌, 새롭게 보이게 변형 내지 변용해야 링그에 값힌디는 그깃이 그러하다. 그런가 하면 생각한 것을 생각한 대로 운문으로 쓰면 된다는 식의 시가 아니라 관념이나 사상을 감각으로 대체, 재구성, 이미지화하기를 요구하고 있다. 여기에서 끝나지 않는다. 느낀 것을 느낀 대로 드러내는 것이 아니라 정서에서 도피함으로써 객관적 상관물을 발견, 형상으로 재구성해 주기를 요구한다. 적어도 현대시라면 이 정도의 요구를 충족시켰을 때 획득될 수 있는 것이 현대시의 개념이다.

 보고, 느끼고 생각한 것을 시적 형식을 빌어 표현해 놓고 좋아 어쩔 줄 몰라 할 것을 생각하면 소름이 끼쳐진다. 시에 대한 모독도 그런 모독이 없기 때문이다.

 현대적 기획이란 말이 있다. 모든 예술적 창조는 의도된 기획, 기획된 의도에 맞춰 기술을 가미해야 한다는 표현의 한 방법으로써 '의도'에 방점을 찍어볼 만하다. 의도란 장차 하고자 하는 계획을 의미하기 때문이다. 이 말속엔 시가 단순한 정서유희나 관념유희의 산물이 아니라 어떻게 하면 정서를 감각으로, 관념을 형상으로 대체, 재구성해 낼 것인가 하는 기도된 의도의 실천, 곧 시도 기술에 의해 씌어진다는 뜻이다.

 현대시의 시법을 대표하는 러시아 형식주의자들이 즐겨 구사한 낯설게 쓰기나, 미 시카고학파들이 제기한 제3 유형의 시를 탄생시킨 형이상시법 등은 다 의도성을 지닌 기도된 산물이다. 그뿐인가. 시는 체험이다라고 주창했던 릴케에서 시는 이미지다라고 요구한 에즈라 파운드, 그리고 시는 정서로부터 도피다라고 시의 새 지평을 제시한 엘리엇의 시론들은 예외 없이 현대시법의 근간이 되면서 세계 시의 흐름을 주도하고 있다.

 이러한 세계적 추세를 외면, 시류성에 길들여지거나 타성에서 한 발짝도 벗어나지 못하는 시를 써놓고 '위대한 시의 탄생'을 자축한다고 생각해 보라. 시에 대한 이 모독에 전율하지 않을 수 있겠는가. 이러한 장황한 전제가 왜 필요한가에 대한 의문을 제기할 수 있을 것 같다. 답은 이러하다. 시가 시다울 수 있거나, 현대시의 반열에 서려면 이런 시법에서 시를 출발시키지 않고는 불가능하기 때문이다.

  서구에서 형이상시는 어떠한 시인가?고 물으면 이러이러한 시다라고 답해 설명을 곁들이기보다 '최고의 시면 다 형이상시'다 라고 답한다고 한다. '최고의 시'가 시인들의 공통된 목표 아니던가. 이 목표에 도달하고 달성하려면 최고의 시가 갖추고 있는 시법에의 충실 없이는 불가능하다. 이 점을 일깨우기 위해 두서없이 장황하게 전제를 빌어 시법의 중요성의 일단을 피력했음을 밝혀둔다.

2. 시집 『고래의 꿈』을 열어보면서

  김미화 시인의 네 번째 시집 『고래의 꿈』은 고래가 꾸는 꿈이라기보다 시에 대한 시인의 거대한 희망의 피력쯤으로 이해된다. 그것은 시편들에서 발견되는 시인의 몸부림치도록 치열한 시법에의 실천에 시의 운명을 걸고 있다고 여겨졌기 때문이다. 이로써 보면 '고래의 꿈'은 시인이 시로써 실현하고 싶어 하는 꿈이 아닐까? 그리고 실현하고 싶은 꿈은 시로써 실천하고 싶어 하는 거대한 희망, 포부 등 시의 덕목 실현이 아닐까.

 이에 대한 답은 시가 해줄 것으로 보고 몇 편의 시를 먼저 제시해 본다.

 가) 산이 익는다
　　뜨거운 계절을 견디다 견디다
　　스스로 익어간다

　　산이 붉어졌다
　　매번 이 산을 넘는 저녁해 때문에

　　산이 노래졌다
　　쉼을 모르는 세월의 흐름에

　　혼자 얼굴 붉히고
　　혼자 가슴 앓는 짝사랑의 아픔처럼
　　산이 혼자 빨개졌다

 나) 철 얼 썩 찰 얼 썩

바다가 싸운다
서로 귀싸대기를 날리며
악다구니 쓰며

맞아 널브러진 놈
모래밭에 뒹구는 놈
지쳐 떨어진 놈
스스로 바위에 부딪쳐오는 놈

한 하늘 이고 살면서
뜯어 먹을 듯 싸우고
어느 날은 잔잔하다

 예시 가)는 「가을 산」, 나)는 「바다」의 각각 전문이다. 두 예시를 제시한 것은 김미화 시인의 시법의 정체를 가늠하기 좋을 것 같아서이고, 동시에 시인이 '고래의 꿈'을 시를 통해 실현하고 싶어 하는 일단의 노력을 제시해 주고 있다고 여겨졌기 때문이다.
 예시 가)에서 '산이 익는다'는 평범한 진술이면서도 통념을 깨뜨리는 신선한 진술이다. 가을 산에 단풍이 들면 온 산이 빨갛다. 이를 시인은 '익는다'로 표현하고 있는데 새삼

스러울 것도 없지만 그렇지가 않다. 산은 익을 수가 없기 때문이다. 그러나 모든 사물은 익을 때 벌게진다. 이 색채 하나를 연결고리로 시인은 '산이 익는다'고 당돌하게 진술 하고 있는데 이 통념에서의 일탈이 곧 변용이거나 낯설게 쓰고자 의도적으로 기도됐다는 사실을 말해준다. 곧 김미화 시인이 시법을 알고 시를 출발시켰다는 뜻과 같다. 상투적이 아닌 고정관념을 과감히 새로운 관념으로 이동해 낼줄 아는 것이 시법이다. 이 점에서 예시가 특별히 언어의 조탁력을 지녔다거나 새로운 이미지를 발견하게 한 것은 아니지만 그 내면 깊숙이에 낯설게 쓰고자 한, 자동 전달의 친숙성을 버린 곳에서 시를 출발시킨 내공이 발견된다는 점에서 시법을 알고 실천하고자 한다는 시의 꿈을 읽게 해준다고 하겠다.

예시 나)도 역동적인 파도의 한 단면을 재단해다 파도가 철썩인다는 해석 대신 '바다가 싸운다'로 장면을 이동시키고 있다. 서로 싸우고 악다구니를 쓰는 파도를 '맞아 널브러진 놈', '모래밭에 뒹구는 놈', '지쳐 떨어진 놈', '스스로 바위에 부딪혀오는 놈' 등 여러 형태로 제시해 놓고 끝내는 '어느 날은 잔잔하다'고 역동적 이미지를 잔잔한 화해로운 정적 이미지로 대체해 버린다. 이는 동태와 정태를 대비시키는, 시법으로 치면 형이상시에서의 양극화에 해당된다.

이런 일련의 시법의 구사들이 시사하는 것은 시인이 시법에서 시를 출발시켰다는 점과 이를 자신의 시로써 실천함으로써 시다운 시이기를 갈망하는 꿈의 실현으로 연계시키고 있다는 점이다. 이 또한 의도된 기획이거나 의도된 제작의 일환으로 현대적 기획에 값하는 시법의 활용으로 여겨져 값지다 하지 않을 수 없다.

예시 가)나 나)가 보여준 것과는 다른 또 하나의 시법이 언어의 마술적 용법으로서의 펀의 활용이다. 펀은 동음이의나 유사음의 병치 등을 통해 구사되는 일종의 위트의 활용에 해당된다. 현대시법으로 치면 지적 조작의 하나다. 말재롱, 말장난으로 이해돼 온 펀은 현대시에서는 언어의 마술쯤으로 받아들이는 레토릭의 하나다. 시를 제시해 본다.

　가) 니 때에는 말이야
　　　아 그랬었군요
　　　그런데 저는 몰라요
　　　왜 그래야 하는지

　　　하지만 배운 게 있어요
　　　자식들에게
　　　나 때에는 말이야

그런 말 하지 말아야겠어요

그들도 모른다고 할 테니까요
나에겐 나 때이지만
그들에겐 라떼거든요

나) 뻥 뚫린 고속도로
첩첩이 포개졌던 산들이
하나씩 비켜나며 읊조리는 말
거긴 왜 가는데

그러게요
바다는 어머니 자궁 속
양수에 떠 있는 거같이 편안해요
가서 보고 오면
몇 개월인가는 숨을 쉴 수 있어요

픽
비웃으며 산들이 말한다
쌓인 갈등 스스로 해갈해야지
짠 바다를 보고 오면 갈증이 심해져

또 보러 가게 된다고

그래도 보고 올래요
어머니는 그런 거 아닌가요

　예시 가)는 「나 때에는 말이야」, 나)는 「강원도 가는 길」의 각각 전문이다.
　예시 가)에서 시행 '나 때에는 말이야'에서의 '나 때'와 '그들에게 라떼거든요'에서의 유사 소릿값인 라떼를 대비, 동음이의를 드러내게 하는 일종의 지적 조작이 pun이다. '나 때'를 '라떼'로 이동시키는 순발력의 재빠름이 환기시키는 다른 뜻의 같은 소릿값으로의 전환엔 반짝 빛나는 순발력이 있다. 횔라이트가 말했던 지적 광채는 지적 조작에서만 체험할 수 있는 미술성이다.
　예시 나)에서의 3연 '픽/웃으며 산들이 말한다/쌓인 갈등 스스로 해갈해야기/짠 바다를 보고 오면 갈증이 심해져/또 보러 가게 된다고'에서 보여주듯 '해갈'과 '갈증'의 대비는 지적 순발력이다. 더 깊게 보면 일종의 컨시트다. 기발한 착상, 당돌한 이미지, 동떨어진 양극화와 같은 것을 한 질서로 이끌어내는 시적 설득력이 컨시트다. 서로 이질적인 것 속에서 동류항을 발견, 폭력적 결합을 시도하는, 그리하여 갈등과 긴장을 유지하게 하는 설득은 컨시트가 동원하는 시적 몫이다.

어찌 보면 그냥 간과할 수도 있는 이런 지적 조작으로서의 펀도 따지고 보면 펀의 시적 효용을 알았을 때만이 쓸 수 있는 레토릭이자 현대시에서 중시하는 언어용법이다. 김미화 시인의 경우 펀의 시적 설득력 알고 자신의 시에 실천했던 것이 되는데 이는 형이상시의 대표적 시법이기도 한다는 점에 pun의 활용은 현대시법에의 충실이 된다.

마지막으로 기대해 보고 싶은 것이 있다면 시인의 꿈이다. 시에 의하면 「꿈이 생겼다」고 제시하고 있는데 꿈에 대한 구체적 진술은 없어 알 수 없으니 시인에게 최고의 선은 시가 아닐까. 이런 추정은 시인의 꿈이 선을 실현하려는, 실현에의 의지가 아닐까 추측하게 하는데 시를 제시해 본다.

>내 젊은 날은
>팔월의 태양보다 뜨겁고 치열했는데
>하얗게 세어버린 머리칼을 흩뜨리는 가을바람이
>그동안 열심히 살았구나
>
>앞으로를 장담할 수 없는 시간 위에

이제야 꿈이 생겼다
다시는 꿀 수 없다고 생각하고 잊혔던

어깨와 무릎은 할 일 다 했다고
쉬자고 하는 지금
나는 하고 싶은 일이 생겼다

　수록 시는 「꿈이 생겼다」의 전문이다. '다시는 꿀 수 없다고 생각하고 잊혔던' 꿈의 정체는 무엇일까. 시행에 의하면 '하고 싶은 일'로 제시되고 있다. 하고 싶은 일. 그것은 시인이 실현하고 싶은 열망 아닐까? 그리고 시집 타이틀인 『고래의 꿈』이라는 거대 담론의 실천이 아닐까. 시인의 하고 싶어 하는 일로서의 꿈이 '고래의 꿈'이라면 이는 필시 시에 의해 이루어지고 실현되기를 갈망하는 시에 대한 꿈 아닐까 싶다.
　바라건데 시인은 지금 시법을 익혀가는 중이고, 또 부단히 노력하는 중이다. 앞으로 더 좋은 시로 '고래의 꿈'인 시인의 꿈이 시로써 성취되기를 빌어본다.

3. 결어

김미화 시인의 네 번째 시집인 『고래의 꿈』을 통해 읽을 수 있는 것은 시인이 나름대로 현대시의 시법에서 자신의 시를 출발시키고 있다는 점에 방점이 찍힐 것으로 여겨진다. 그리고 이를 스스로의 시로써 실천함으로써 제시한 거대한 꿈 『고래의 꿈』은 실현될 것으로 기대된다. 모쪼록 꿈이 이루어져 시인의 시 세계가 활짝 열리고 시로써 실현되기를 빌어보면서 축하를 드린다.

고래의 꿈

2023년 9월 15일 인쇄
2023년 9월 25일 발행

지은이 / 김미화
발행인 / 박진환
펴낸곳 / 조선문학사
등록번호 / 1 2733
주소 / 03730 서울 서대문구 통일로 389(홍제동)
대표전화 / 02-730-2255
팩스 / 02-723-9373
E-mail / chosunmh2@daum.net

ISBN 979-11-6354-213-1

정가 10,000원

* 인지는 저자와 합의 하에 생략
* 잘못된 책은 서점에서 교환해 드립니다.